BEI GRIN MACHT SICH IHR WISSEN BEZAHLT

- Wir veröffentlichen Ihre Hausarbeit,
  Bachelor- und Masterarbeit

- Ihr eigenes eBook und Buch -
  weltweit in allen wichtigen Shops

- Verdienen Sie an jedem Verkauf

Jetzt bei www.GRIN.com hochladen und kostenlos publizieren

Die Psychoanalytische Triebtheorie von Sigmund Freud. Emotionen und das Motivationsmodell von Paul Lawrence und Nitin Nohria im Berufsalltag

GRIN ☺

Bibliografische Information der Deutschen Nationalbibliothek:

Die Deutsche Nationalbibliothek verzeichnet diese Publikation in der Deutschen Nationalbibliografie; detaillierte bibliografische Daten sind im Internet über http://dnb.d-nb.de abrufbar.

ISBN: 9783346730633
Dieses Buch ist auch als E-Book erhältlich.

© GRIN Publishing GmbH
Nymphenburger Straße 86
80636 München

Druck und Bindung: Books on Demand GmbH, Norderstedt Germany
Gedruckt auf säurefreiem Papier aus verantwortungsvollen Quellen

Das vorliegende Werk wurde sorgfältig erarbeitet. Dennoch übernehmen Autoren und Verlag für die Richtigkeit von Angaben, Hinweisen, Links und Ratschlägen sowie eventuelle Druckfehler keine Haftung.

Das Buch bei GRIN: https://www.grin.com/document/1273715

Einsendeaufgaben

D1-D3

Alternative D- Allgemeine Psychologie II

abgegeben am 06.11.2017 bei der Deutschen Post

SRH Fernhochschule

Modul: Allgemeine Psychologie II

Studiengang: B. Sc. Psychologie

Inhaltsverzeichnis

1. Teilaufgabe - D1

1.1 Psychoanalytische Triebtheorie Freuds

Die psychoanalytische Triebtheorie entwickelte Freud in mehreren Phasen und wurde in ihrer Konzeptionierung mehrfach erweitert oder gar gänzlich von ihm verändert. Der Ursprung seiner Triebtheorie begann in einer experimentellen Zeitspanne von 1900 bis 1910 (vgl. Ermann, 2015, S.32-34).

Anfangs baute Freud eine monistische und biologische Triebkonzeption von einem *Sexualtrieb* aus und entwickelte parallel ein *Psychosexuelles- Phasen-Modell*, das in vier verschiedene Entwicklungsphasen untergliedert war. Freud beschrieb die sexuelle Entwicklung und die damit verbundenen partialen Triebe vom Kindes- bis ins Erwachsenenalter, die letztlich mit der Geschlechtsreife und der Fortpflanzung endete. Er erläuterte diese Phasen 1905 in seinem Werk *Drei Abhandlungen zur Sexualtheorie* (vgl. Ermann, 2015, S.44-45).

Eine Übersicht und genaue inhaltliche Beschreibung der Phasen wird wie folgt, dargestellt (Tabelle 1):

Phasen	Phasen der Libido- Entwicklung
Autoerotisches Stadium	Erogene Zone ist der ganze Körper; Befriedigung erfolgt durch Hautreize oder Berührung
Orale Phase	Erogene Zone ist der Mund; Befriedigung des Triebes erfolgt über Saugen oder Nahrungsaufnahme
Anale Phase	Erogene Zone ist der Anus; Befriedigung des Triebs erfolgt durch Kontrolle und Zurückhaltung des Stuhls
Genitale Phase	Erogene Zone sind die Genitalien; Befriedigung des Triebes erfolgt z.B. durch Masturbation

Tabelle 1: Psychosexuelles- Phasen- Modell nach Freud
(Quelle: Eigene Darstellung in Anlehnung, vgl. Ermann, 2015, S.47)

Freud ergänzte seiner monistischen Triebkonzeption, nicht nur ein Psychosexuelles- Phasen- Modell, sondern er konstruierte auch eine Theorie des Unbewussten für den psychischen Apparat und unternahm eine Unterteilung vom Bewussten, Vorbewussten und Unbewussten. Diese Konstruktion, auch

Topisches- Modell genannt, stellte er 1900 in seinem Werk *Der Traumdeutung* (Kap.7) vor. Alle Ebenen waren durch gewisse Bewusstseinsbarrieren voneinander getrennt, wobei die Verdrängung nochmals eine wichtige Position einnahm und das Vorbewusste vom Unbewussten trennte (vgl. Ermann, 2015, S.36).

Im Folgenden findet sich eine Darstellung des Topischen- Modells nach Freud (Abbildung 2):

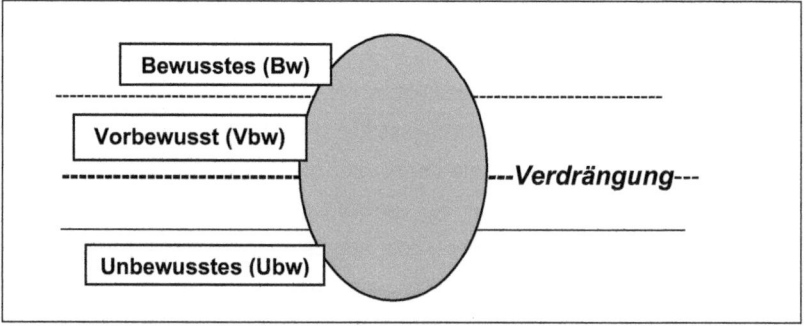

Abbildung 2: Topisches- Modell nach Freud

(Quelle: Eigene Darstellung in Anlehnung, vgl. Ermann, 2015, S.36)

Etwa 1910 folgten einige Veränderungen an dem Konstrukt der bis dahin entwickelten Psychoanalyse, der Triebtheorie und des psychischen Apparates. Freud postulierte fortan eine Neukonzeption seiner Triebtheorie (vgl. Ermann, 2015, S.33). Er ergänzte dem *Sexualtrieb* einen *nicht- sexuellen Selbsterhaltungstrieb (Ich- Trieb)* und führte so eine dualistische Theorie ein. Die Veränderungen veröffentlichte er in seinem Werk *Triebe und Triebschicksale* (1915) und fügte dem Modell des psychischen Apparates in seinem Werk *Einführung des Narzissmus* (1914) ein Ich als Zentrum der Persönlichkeit zu und erweiterte dies, indem er beiden Trieben eine libidinöse Quelle zuordnete und ihr später eine Objektlibido gegenüberstellte (vgl. Ermann, 2015, S.45).

Die letzte Veränderung seiner Triebkonzepte entwickelte Freud 1920 durch eine Gegenüberstellung des Lebenstriebes (Eros) und des Todestriebes (Thanatos), dass er aus dem Wiederholungszwang abgeleitet hat (vgl. Ermann, 2015, S.48).

Unter Wiederholungszwang verstand Freud, dass Kinder, die er beobachtete, Spiele bevorzugten, wo Dinge wiederholt versteckt und wieder hervorgeholt wurden. Diese Wiederholung stellte für Freud die Verarbeitung eines schmerzhaften oder unangenehmen Ereignisses dar, das die Kinder so versuchten zu kontrollieren oder zu bewältigen. Freud sah sich in seiner Annahme bestätigt, da auch in Träumen oftmals Ereignisse wiederholt geträumt wurden. Es musste nach Freud also einen weiteren Trieb geben, der die hedonistische Theorie stütze, dass die Triebe zum Ziel hätten den Organismus in einen Gleichgewichtszustand zu bringen (vgl. Weiner, 1994, S.24).

Das Hauptziel des Todestriebes sei Leben aufzulösen und den Menschen in einen Urzustand zurückzuversetzen. Freud sprach ihm eine nach außen oder nach innen gerichtete Kraft zu, die dem Menschen die Option der Selbstzerstörung oder der Zerstörung anderer ermöglichte. Er nannte ihn deshalb auch Destruktions- oder Aggressionstrieb. Wonach der Aggressionstrieb besonders der Außenanwendung zu zuschreiben war. Als Gegenpol des Thanatos war Eros der Lebenstrieb. Dieser stand nicht mehr alleinig für sexuelle Triebbefriedigung, sondern fungierte auch zusätzlich durch Anziehungskraft und Versöhnung und hauptsächlich für Fortpflanzung und Selbsterhalt (vgl. Ermann, 2015, S.49-50).

Letztlich vollendete Freud die Neukonzeption der Psychoanalyse 1923 mit seiner Veröffentlichung *Das Ich und das Es*, wonach das bisherige Topische- Modell des psychischen Apparates durch das Instanzenmodell abgelöst wurde. Die Instanzen nannte er: Ich, Es und Über- Ich. Die drei Teile bilden die Persönlichkeit und sind nicht im Körper lokalisierbar. Freud nutzte sie um seine Beobachtungen zu erklären, dass Verhalten sich aus einem Kompromiss zwischen Wünschen, Einschränkungen von Normen und Gesetzen aus der Umwelt und der Moral ergebe (vgl. Ermann, 2015, S.41-42).

Das Es ist der unbewusste, vererbte Bereich der Triebe. In ihm ist der Sexual- und Todestrieb vereint. Das Es fungiert nach dem Lustprinzip und verlangt sofortige Lust- oder Triebbefriedigung. Die Befriedung kann ebenfalls durch Träume oder Gedanken, zumindest zeitweise, befriedigt werden. Das Ich ist das

Zentrum des psychischen Apparates und vermittelt zwischen der Realität und dem Es. Als Realitätsprinzip hat es auch die Aufgabe zwischen den Forderungen des Es und den moralischen Normen des Über- Ichs Kompromisse zu finden. Das Ich ist immer bestrebt ein inneres Gleichgewicht zu erhalten und bedient sich daher auch sogenannten Abwehrmechanismen. Das Über- Ich ist vergleichbar mit dem Gewissen. Es ist Träger von moralischem Verhalten und erinnert an gesellschaftliche Werte und Normen. Daher stellt es sich aktiv gegen inakzeptable Forderungen dem Es gegenüber (vgl. Weiner, 1994, S.21-22).

In Abbildung 3 ist das Instanzenmodell übersichtlich dargestellt:

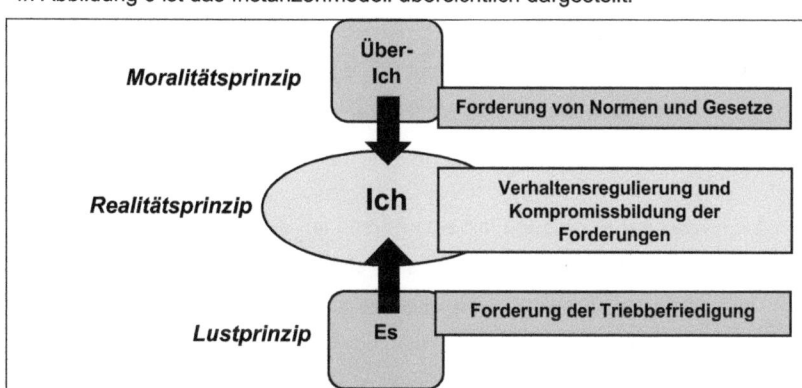

Abbildung 2:   Instanzenmodell nach Freud
(Quelle: Eigene Darstellung)

1.2 Abwehrmechanismen und Beispiele

Die Weiterentwicklung des Instanzenmodells bestand darin, dass Freud dem *Ich* Abwehrmechanismen zuschrieb. Der Begriff Abwehrmechanismus definiert nach Weiner (1994, S.57) einen unbewussten oder auch bewussten Vorgang, dass das Ich benutzt, um schmerzliche Erfahrungen oder unerwünschte Triebreize des Es abzuwehren. Die Strategie der Abwehr liegt daher als Schutzfunktion und dem Erhalt eines inneren, stabilen Gleichgewichts. Freud erläuterte dies 1926 in seinem Werk *Hemmung, Symptom und Angst.*

Der bekannteste Abwehrmechanismus, nach Myers (2014, S.557) sei die Verdrängung, die allen Abwehrmechanismen zugrunde liegen würde. Hoyer und

Wittchen (2011, S.465) unterteilten die Abwehrmechanismen nochmals in unreife (z.B. Projektion, Verleugnung) oder reife (z.B. Sublimierung, Identifizierung) Abwehrmechanismen. Laut Fröhlich (2012, S.37) weist die heutige Fachliteratur mehr als 30 der Abwehrtechniken auf.

Um einige Abwehrtechniken zu nennen, kann sich ein Individuum folgender Mechanismen zur psychischen Regulation bedienen:
Regression, Ungesehen machen, Identifikation, Spaltung, Reaktionsbildung, Projektion, Verschiebung, Vermeidung, Konversion, Somatisierung, Sublimierung, Verleugnung, Intellektualisierung und Introjektion.

Die Abwehrmechanismen der Regression, Verleugnung und Verschiebung sollen hier nachstehend kurz definiert und anhand eines Beispiels näher erläutert werden:

Bei der *Regression* fällt eine Person auf eine frühere Entwicklungsstufe zurück. Meist wird dies durch eine sehr stressige, eine neue Situation oder durch ein Trauma ausgelöst. Beispielsweise kann ein Kind durch Erleben eines Traumas wieder zum Bettnässer werden, obwohl es bereits trocken war.

Bei der *Verleugnung* möchte eine Person die schmerzliche und unangenehme Realität nicht wahrhaben. Beispielsweise könnte ein Mann seiner Ehefrau untreu gewesen sein und leugnet dies trotz erdrückender Beweislage.

Bei der *Verschiebung* wird eine Person ihre Triebregung auf ein anderes Objekt übertragen, das angenehmer erscheint. Beispielsweise könnte ein Kind eine Auseinandersetzung mit seinen Eltern gehabt haben und getraut nicht ihnen zu wiedersprechen. Seinem Ärger macht das Kind Luft, indem es zum Beispiel den Hund anschreit und einen Tritt gibt (vgl. Myers, 2014, Tabelle 14.2, S.558).

2. Teilaufgabe – D2

2.1 Was sind Emotionen?

Die Aussage von Wenger, Jones und Jones (1962) beschreibt die Schwierigkeit den Begriff für Emotionen zu definieren, treffend: „Emotion ist ein seltsames Wort. Fast jeder denkt, er versteht, was es bedeutet, bis er versucht, es zu definieren. Dann behauptet praktisch niemand mehr, es zu verstehen" (S.3; zitiert nach Schmitz-Atzert, Peper & Stemmler, 2014, S.20). Demnach konnte sich die Wissenschaft bislang auf keine einheitliche Definition für Emotionen einigen, da die Vorstellungen was Emotionen sind weit auseinandergehen und auch Theorien und Forschungsprogramme zum Thema Emotionen beeinflusst werden (vgl. Schmitz-Atzert, Peper & Stemmler, 2014, S.18).

Um Definitionsversuche von Wissenschaftlern zu benennen, folgen einige Beispiele. Kleinginna und Kleinginna (1981) versuchten aus ca. 100 Emotionsdefinitionen, diese in 10 Kategorien einzuteilen, um eine Arbeitsdefinition zu formulieren. Die Autoren postulieren, dass Emotionen subjektive und objektive Komponenten besitzen und hormonell, sowie neuronal, vermittelt würden. Diese Komponenten schwanken zwischen Gefühlen von Erregung und Beruhigung, sowie zwischen Lust und Unlust. Ergänzt wird dies durch kognitive Prozesse der Bewertung, sowie physiologische Reaktionen (S.354; vgl. Schmitz- Atzert, Pepper & Stemmer, 2011, S.21).

Nach Bliesener (2001, S.129) sind Emotionen (lat. „emovere"= dt. erschüttern, herausbewegen), Gefühle die individuell von einem Individuum erlebt werden und in einem präkognitiven oder postkognitiven Prozess, auftreten. Ihr Ausdruck kann bewusst, unbewusst, verbal oder nonverbal erfolgen. Emotionale Komponenten betreffen das Zentrale- als auch das Autonome Nervensystem und haben Rückwirkungen auf das Immun- und Hormonsystem. Dieses Zusammenspiel ist der Hauptgrund für die Unterschiede zwischen den Menschen, ihrem Verhalten und ihren physiologischen Reaktionen.

Zusammenfassend beschränkt sich Myers (2014, S.496) bei seinem Definitionsversuch auf physiologische Erregung, Ausdrucksverhalten und bewusste Erfahrung, die den gesamten Organismus betreffen. Brandstätters (2013, S.133) Definition postuliert ebenfalls die drei genannten Punkte von Myers und ergänzt diese noch um die subjektive Komponente, wonach jedes Individuum seine eigenen Gefühle hat und diese nur selbst kennt. Auch die Forschung hat, laut Brandstätter (2013, S.133), mit diesen vier Komponenten eine weitgehende Übereinstimmung gefunden und ist sich einig, dass Emotionen aus einer subjektiven, einer physiologischen, einer kognitiven und einer Verhaltenskomponente bestehen.

2.2 Wie entstehen Emotionen?

Im Wesentlichen gibt es vier Erklärungsansätze für die Emotionsentstehung. Der evolutionsbiologische Erklärungsansatz untersucht die Entstehung von Emotionen im biologischen Erbgut des Menschen seit seiner Geburt (vgl. Brandstätter, 2013, S.160). Eines der Hauptvertreter war Charles Darwin, der Emotionen als angeboren ansah. Ganz entscheidend für die Annahme ist der mimische Ausdruck von Emotionen, der als genetisch angesehen wird und durch Anforderungen der Umwelt entstand. Der Emotionsausdruck erfüllt Funktionen, die Überlebenswahrscheinlichkeit und Fortpflanzung erhöhen. Wissenschaftler, wie Ekman, Izard und Plutchik, haben dem Menschen von Geburt gewisse universelle Basisemotionen, wie beispielsweise Freude, Trauer, Überraschung, Furcht und Ärger unterstellt. Diese sind unabhängig von Geschlecht, Alter oder Kultur und sind daher bei jedem Menschen zu finden. Studien des evolutionsbiologischen Ansatzes sehen die Universalitätsannahme als sehr gut empirisch belegt (vgl. Brandstätter, 2013, S.161).

Weiter gibt es den behavioristisch- lerntheoretische Ansatz, der sich mit der Frage befasst, welche Reize von Lernerfahrungen zu Emotionen ausgelöst werden und welches Verhalten daraus resultiert. Behavioristen beschäftigen sich mit beobachtbaren und messbaren Ursachen von Emotionen. Sie gehen davon aus, dass Emotionen durch Gesetzmäßigkeiten der klassischen und instrumentellen Konditionierung erworben werden. Zwei Vertreter dieser

Annahme waren Watson und Rayner (1920), die durch das Experiment mit dem kleinen Albert bekannt wurden (vgl. Brandstätter, 2013, S.162). Mowrer (1947) und Miller (1948) entwickelten eine Zwei- Faktoren- Theorie, die eine Kombination aus der klassischen und der instrumentellen Konditionierung darstellt. Wonach die Angst klassisch konditioniert wird, indem ein negativer Reiz mit einem neutralen assoziiert wird. Die Vermeidungsreaktion hingegen wird instrumentell konditioniert und reagiert auf den gefürchteten Reiz (vgl. Brandstätter, 2013, S.163).

Neurophysiologische Ansätze hingegen untersuchen organische Strukturen. Sie vertreten die Auffassung, das körperliche Vorgänge ursächlich für Emotionsentstehung sind. Hier wird die Beteiligung zentralnervöser (z.B. Teile des Gehirns) und peripherer Strukturen (z.B. Eingeweide, Kreislaufsystem) angenommen (vgl. Brandstätter, 2013, S.164). Aus diesem Ansatz geht die James- Lange- Theorie hervor, die annimmt, dass das Gefühl einer körperlichen Reaktion folge. Das heißt, dass wenn wir weinen uns dies traurig stimmt (vgl. Myers, 2014, S.496-497). Dieser Theorie widersprachen Cannon und Bard, mit der Cannon- Bard- Theorie, da sie körperliche Reaktionen als zu langsam bewerteten, um verschiedene Gefühle zu verursachen. Demnach entstehen körperliche Reaktionen und erlebte Emotionen gleichzeitig. Beispielsweise pocht ein Herz schneller im gleichen Moment, als Furcht empfunden wird (vgl. Myers, 2014, S.497).

Der kognitive Erklärungsansatz erklärt Emotionen hauptsächlich aus der Interpretation und der Bewertung von Ereignissen sowie Selbsteinschätzungen. Nach Myers (2014, S.498-499) benötigte es, nach Schachter und Singer, eine bewusste Interpretation der Erregung durch emotionale Erfahrungen. Das heißt, eine körperliche Reaktion und die Kognition (z.B. Wahrnehmung, Erinnerung) rufen Emotionen hervor. Im Wesentlichen argumentiert die kognitive Bewertungstheorie, das Emotionsentstehung durch Situationseinschätzung auf der Basis von Grundbedürfnissen, Zielen und Bewältigungsmöglichkeiten beruht (vgl. Brandstätter, 2013, S.163). Nach Zajonc und LeDoux laufen emotionale Reaktionen ohne kognitive Beteiligung ab, wie z.B. Sympathien oder Abneigungen. Sie sind der Ansicht, dass unser Gefühlsleben durch automatische

Emotionen und bewusste Gedanken gebildet wird. Lazarus, ein weiterer Vertreter, nimmt an, dass die Bewertung, ob eine Situation gefährlich ist oder nicht, manchmal auch ohne Bewusstsein geschehe (vgl. Myers, 2014, S.499-501).

Wie in Abbildung 4 sichtbar, führen nach den jeweiligen Vertretern, zwei Wege zur Emotionsentstehung:

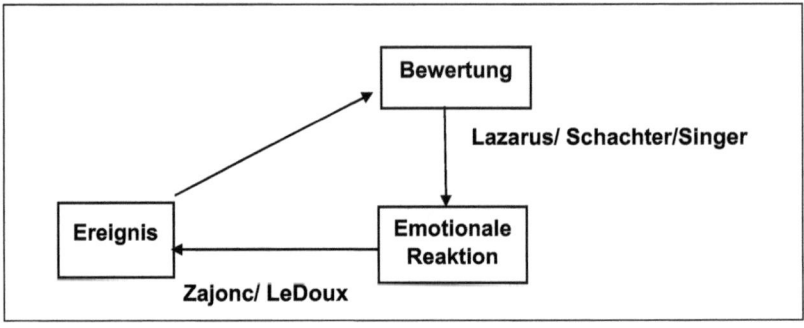

Abbildung 3:   Zwei Wege zur Emotionsentstehung
(Quelle: Eigene Darstellung in Anlehnung an vgl. Myers, 2014, S.500)

2.3 Bedeutung und Regulation von Emotionen im beruflichen Alltag

Emotionen haben eine entscheidende Bedeutung im beruflichen Alltag. Besonders im Dienstleistungssektor sind Interaktionen mit Kunden stark im Vordergrund und die Arbeitsanforderungen sind nicht nur kognitiv und physischer Natur, sondern meist sozial und emotional (vgl. Zapf, Isic, Fischbach & Dormann, 2003, S.267). Zudem haben Emotionen erheblichen Einfluss auf den Arbeitsprozess, da die Arbeitnehmer, im besten Fall, in ihrer Tätigkeit aufgehen, wie es Csikszentmihalyi (1975, S.86) mit dem Begriff *Flow* beschreibt, oder im schlechtesten Fall, die Arbeit Frust, Stress und Langeweile auslöst. Diese emotionalen Zustände wiederrum sind ganz entscheidende Faktoren für das Arbeitsergebnis, was durch Erfolg oder Misserfolg, auch wieder Emotionen, wie Freude und Stolz oder Ärger und Frust, hervorrufen kann. Hinzu ergänzen die sozialen Interaktionen unter Kollegen und Vorgesetzten, das Betriebsklima, die Arbeitsbedingungen und die Arbeitssituation (vgl. Brandstätter, 2013, S.222).

Durch diese Erkenntnisse wird deutlich, wie wichtig, die Emotionsregulation im Arbeitsalltag ist und was unter diesem Prozess verstanden wird. Gross (1998) vertritt die Annahme, dass jedes Individuum festlegt, welche Emotionen es wann hat, welche es erleben möchte oder zum Ausdruck bringen will. Der Ablauf kann automatisch oder kontrolliert, sowie bewusst oder unbewusst sein. Zudem ist er überzeugt, dass die Emotionsentstehung selbst ein Prozess ist, der in einem zeitlichen Rahmen liegt, und die Emotionsregulation die Fähigkeit besitzt in diesen Prozess einzugreifen. Die Reaktionstendenzen beziehen sich auf das erlebte Gefühl, auf körperliche und auf behaviorale Reaktionen, wie Abbildung 4 zeigt. Die emotionalen Reaktionen können sich beispielsweise in ihrer Stärke, Dauer, Dynamik und Beendigung verändern (Gross, 1998; zitiert nach Schmidt-Atzert, Peper & Stemmler, 2013, S.165).

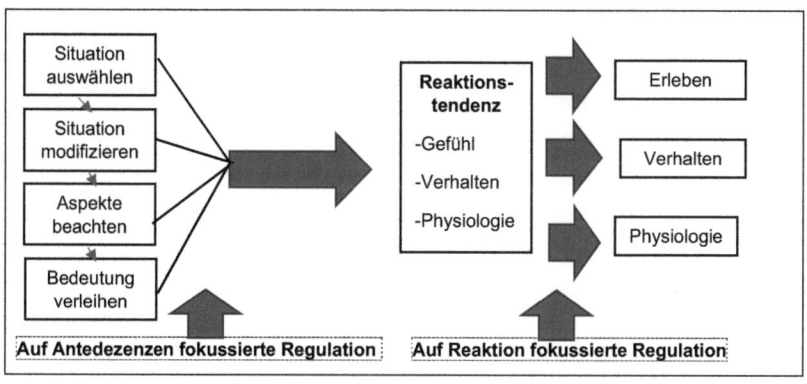

Abbildung 4: Modell der Emotionsregulation nach Gross (1998)
(Quelle: Eigene Darstellung in Anlehnung an vgl. Schmidt-Atzert et. al: 2014, S.166)

Nach Brandstätter (2013, S.176) ist die Emotionsregulation hedonistisch und an gute soziale Interaktionen gekoppelt. Die Regulation von Emotionen kann nicht nur die eigenen Gefühle verändern, sondern auch das Verhalten anderer beeinflussen. Die allgemeine Voraussetzung für Emotionsregulation ist die Kenntnis von sozialen Normen, sowie eine kognitive und motivationale Grundlage an Emotionswissen. Ebenso postuliert Brandstätter (2013, S.178), dass Emotionsregulation als Arbeitsanforderung anzusehen ist und sich individuell an Berufsbranchen durch gewisse Emotionsnormen anpassen muss. Bei Missachtung oder Unfähigkeit dies zu leisten, drohen Konsequenzen, wie Kündigung oder Nicht- Versetzung. Emotionsnormen werden in gewissen Berufsgruppen speziell trainiert und gefördert, wie beispielsweise bei Polizeibeamten, die eher ein neutrales Verhalten repräsentieren sollen, Inkassomitarbeiter hingegen eher fordernd und bestimmend auftreten dürfen und Servicekräfte extrem freundlich und zuvorkommend erscheinen mögen.

2.4 Emotionsarbeit – Begriffsvertiefung

In engem Kontext zum Thema Emotionsregulation steht der Begriff der Emotionsarbeit. Dieser Begriff wurde von Hochschild (1990) als Konzept für Arbeitsanforderungen geprägt. Sie untersuchte die Tätigkeit von Flugbegleiterinnen und stellte fest, dass diese durch extreme Freundlichkeit, einem Dauerlächeln und Zuvorkommenheit gekennzeichnet waren. Dieses Verhalten gehöre aber keines Wegs zu einer gewöhnlichen Arbeitsweise und wird hauptsächlich von Unternehmen gefordert. Somit werden, nach Hochschild, Emotionen zu Arbeitsanforderungen, wie sie bereits als geistige oder körperliche Arbeitsanforderungen existieren (Hochschild, 1990; zitiert nach Zapf et.al., 2003, S.267). Rastetter (2008, S.17) bezeichnet dies als Produktion eines normgerechten Gefühls, das Arbeit und Anstrengung von Mitarbeitern fordert. Bei dieser Art von Emotionsarbeit geht es mehr als nur um Wohlempfinden, sondern es geht um Konkurrenz, Kunden und Geschäfte.

Hochschild (2006, S.53) erläutert zwei Strategien, um eine Anpassung an Emotionsnormen zu gewährleisten. Sie nennt diese Oberflächenhandeln (surface acting) und inneres Handeln (depp acting). Das Oberflächenhandeln passt den Emotionsausdruck den vorgegebenen und wünschenswerten Normen an, jedoch das eigentliche subjektive Gefühl nicht. Es ähnelt der Schauspielerei und betrifft nur die äußere Darstellung. Das heißt, eine Verkäuferin lächelt und ist einem Kunden freundlich gegenüber, obwohl sie diesen nicht sympathisch findet. Beim inneren Handel hingegen wird versucht ein Gefühl spontan hervorzurufen, z.B. Freude, und auch das Verhalten dementsprechend dazu anzupassen.

Nach Nerdinger (2012, S.12) verursacht der ständige Versuch die Emotionen der Norm anzupassen, jedoch subjektiv anders zu empfinden, eine Diskrepanz. Wie in Abbildung 5 gezeigt, stehen sich Ist- und Soll Zustand gegenüber. Stimmen diese beiden Zustände nicht überein, kommt es zu *emotionaler Dissonanz.* Diese Diskrepanz wird ständig versucht mit Emotionsregulation auszugleichen, das von Mitarbeitern meist als sehr anstrengend und belastend empfunden wird. Das Oberflächenhandeln kann bei Kunden den erwünschten Effekt verfehlen und wirkt weniger authentisch, da der nonverbale Ausdruck, wie ein aufgesetztes Lächeln, vom Kunde unbewusst als nicht ehrlich identifiziert wird.

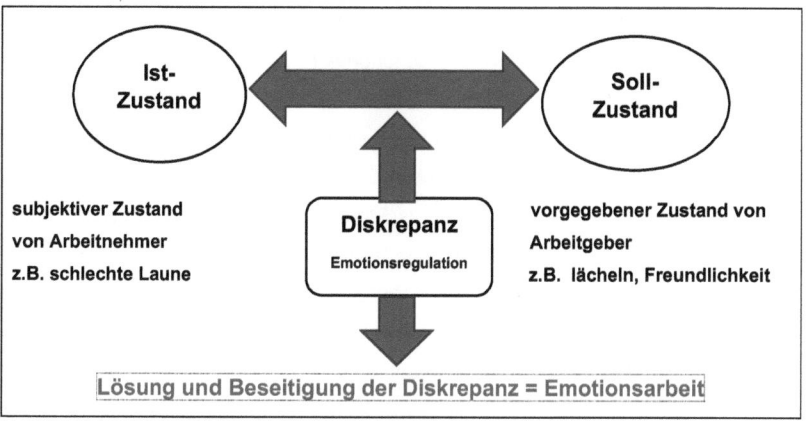

Abbildung 5: Emotionsregulation durch Emotionsarbeit

(Quelle: Eigene Darstellung)

So hat die Emotionsforschung beispielsweise in einer Studie von Ekman & Friesen (1982) herausgefunden, dass wenn das dazugehörige Gefühl, wie z.B. Freude, nicht dazu erlebt wird, die muskuläre Reaktion, um die Augenpartie ausbleibt und das Verhalten vom Kunden als unglaubwürdig eingestuft wird (Ekman & Friesen, 1982; zitiert nach: Zapf et. al., 2003, S.275). Folglich ist, nach Hochschild (1990), die Variante des Tiefenhandels, die geeignetere Lösungsmöglichkeit, den Emotionsnormen gerecht zu werden und auch gesünder für den Mitarbeiter. Sie verweist dazu auf drei Techniken: die Aufmerksamkeitsfokussierung, die kognitive Umdeutung und

Entspannungstechnik. Bei der Aufmerksamkeitsfokussierung werden Gedanken und Erlebnisse auf ein Objekt gerichtet, um Gefühle hervorzurufen. Beispielsweise werden negative Emotionen im Kundenkontakt mit positiven Erinnerungen neutralisiert. Bei der kognitiven Umdeutung soll eine Perspektivenübernahme versucht werden. Der Mitarbeiter schlüpft dazu in die Rolle des Kunden, um ein besseres Verständnis für diesen zu gewinnen und den Ärger des Kunden nicht auf sich zu beziehen. Zuletzt wäre eine geeignete Entspannungstechnik ratsam, um physiologische Spannungen abzubauen und den täglichen Kundenkontakt besser zu bewältigen (Hochschild, 1990; zitiert nach Nerdinger, 2012, S.12).

Bislang wurde jedoch der Aspekt stark vernachlässigt, dass der Umgang mit Kunden zu sozialen und emotionalen Belastungen führen kann. Hochschild hingegen war überzeugt, dass es durch die emotionale Dissonanz, zu psychischen und körperlichen Leiden, besonders zu Burnout, der Mitarbeiter kommen kann (vgl. Hochschild, 2006, S.99-100). In verschiedenen Studien wird die emotionale Dissonanz als Stressor identifiziert und akzeptiert, die in jedem Fall, hauptsächlich durch surface acting, emotionale Erschöpfung fördert, und bis hin zu Burnout führen kann. Auch eine Metaanalyse von Hülsheger & Schewe (2011) zeigte einen deutlichen Zusammenhang von emotionaler Dissonanz mit gesundheitlichen Stresserscheinungen und stellte als Folge negative Arbeitseinstellung und Arbeitsunzufriedenheit fest (Hülsheger & Schewe, 2011; zitiert nach: Nerdinger, 2012, S.14).

Nach Brandstätter (2013, S.223) wird in Zukunft die Zahl der Dienstleistungsbetriebe steigen und dadurch das Thema Emotionsarbeit und Emotionsregulation weiter zunehmen. Daher sollten nach Zapf et. al (2003, S.269) Arbeits- und Organisationsgestaltungsmaßnahmen Emotionsarbeit berücksichtigen und geeignete Messinstrumente zur Testung psychischer Belastungen ergänzend herangezogen werden. Denn nicht jeder Mensch sei für Emotionsarbeit geeignet und es könnte so vor der Einstellung eines Mitarbeiters eine Vorauswahl getroffen werden. Rastetter (2008, S.59-60) postuliert Möglichkeiten, wie Rahmenbedingungen in einem Unternehmen, unter denen Emotionsarbeit ausgeführt wird, aussehen könnten. Beispielsweise wären

Rückzugsmöglichkeiten im Betrieb, die Identifikation mit Emotionsarbeit, Bewältigungsstrategien und unternehmensspezifische Schulungen, um das Emotionswissen der Mitarbeiter zu erweitern, im Prozess mit Emotionsarbeit sehr wichtige Punkte, um emotionale Dissonanz zu vermeiden und die Mitarbeiter in ihrer Tätigkeit zu stärken und zu unterstützen.

3 Teilaufgabe - D3

3.1 Motivationsmodell von Lawrence und Nohria

Lawrence und Nohria verknüpfen Evolution, Sozialwissenschaft, Biologie, Philosophie und Neurowissenschaften bei der Entwicklung ihres Motivationsmodells. Sie postulieren vier Grundtriebe des Menschen, deren Sitz im limbischen System zu finden ist, die nicht weiter reduzierbar sind und beschreiben sie als Produkt unseres gemeinsamen evolutionsgeschichtlichen Erbes. Das Modell besteht aus einem Erwerbstrieb, einem Bindungstrieb, einem Lerntrieb und einem Verteidigungstrieb (vgl. Lawrence & Nohria, 2003, S.70).

Der angeborene Erwerbstrieb wird befriedigt durch die An- und Beschaffung von wertvollen Gegenständen und durch Sicherung der Grundbedürfnisse wie Nahrung, Schutz und Sexualität. Durch Befriedigung der Erwerbswünsche hat es dazu geführt, dass sich ökonomische Modelle der menschlichen Natur nahezu überall durchgesetzt haben. Dieser Trieb ist unersättlich und erzeugt nach jeder Befriedigung ein erneutes Verlangen nach mehr. Die positive Eigenschaft des Erwerbstriebs, auch Ehrgeiz genannt, umfasst alle menschlichen Unternehmungen und die Entschlossenheit sich stetig zu verbessern und den eigenen Status anzupassen. Ihm wird auch das Leistungsmotiv zugeschrieben. Die negative Seite des Triebs ist der Neid auf andere (vgl. Lawrence & Nohria, 2003, S.79-91).

Der Bindungstrieb hat das angeborene Bedürfnis soziale Kontakte zu knüpfen und sich in gegenseitigen, fürsorglichen Beziehungen zu engagieren. Die Befriedigung erfolgt nur durch gegenseitiges Engagement, guten Zusammenhalt sowie positiv assoziierte Gefühle, wie beispielsweise Liebe, Vertrauen, Mitgefühl, Zugehörigkeit, Respekt und Loyalität. Dies kann im Unterschied zum Erwerbstrieb nicht durch Entzug von lebenswichtigen Ressourcen erzwungen werden, sondern bedarf freiwillig handelnde Menschen. Die dunkle Seite des Bindungstriebs ist, nach den Autoren, der Genozid (vgl. Lawrence & Nohria, 2003, S.98-123).

Der Lerntrieb hat das angeborene Bedürfnis seine Neugier, Wissbegier und seinen Forschungsdrang zu befriedigen. Dadurch wird das Individuum veranlasst Beobachtungen anzustellen, Informationen zu sammeln, seine Umwelt zu erforschen und seinen eigenen Theorien und Ideen zu erklären. Die Befriedigung erfolgt durch erläutern und verstehen von Zusammenhängen, durch logisches erschließen sowie durch Sinnhaftigkeit. Dunkle Seiten des Triebs können sich durch fragwürdige Ideologien und Leichtgläubigkeit kennzeichnen (vgl. Lawrence & Nohria, 2003, S.129-147).

Der Verteidigungstrieb, der auch dem Aggressionsmotiv ähnelt, wie es Kornadt et. al. (1980) postulieren, wird als universelles Machtmotiv beschrieben und ist bestrebt die eigene Position und das Umfeld zu verteidigen. Dies Trieb ist womöglich der erste entwickelte und angeborene Trieb, der auf den Schutz von erworbenem Besitz und Errungenschaften abzielt. Der Unterschied zu den anderen Trieben ist, dass er weniger proaktiv auf der Suche nach gewünschten Objekten, Erfahrungen oder Zuständen ist, sondern sich eher reaktiv verhält. Er achtet demnach aufmerksam auf Gefahren und ist nicht auf der Suche. Die dunkle Seite von ihm steht für hohe Aggressivität, Kampf und Krieg, hingegen ein Mangel eher Rückzug und Flucht zeigt (vgl. Lawrence & Nohria, 2003, S.152-165).

Allgemein handelt es sich bei den Trieben um Primärtriebe, was bedeutet, dass jeder Trieb unabhängig von allen anderen befriedigt werden muss (vgl. Lawrence & Nohria, 2003, S.71) Das heißt, das die einzelnen Triebe weder in einer Hierarchie anzuordnen sind und sich nicht ersetzen können. Der Theorie, von Lawrence und Nohria, nach, sind die Triebe angeboren und universell gültig und es ergibt sich demnach der Satz: „Es fehlen keine anderen wichtigen universellen oder eigenständigen menschlichen Antriebskräfte." (Lawrence & Nohria, 2003, S.167).

In Abbildung 6 zeigt eine Übersicht der Grundtriebe in Bezug auf das Arbeitsleben:

T1 Erwerbstrieb	T2 Bindungstrieb
= Anschaffung von Gegenständen, Arbeit, Status, Grundbedürfnisse sichern (Nahrung, Schutz)	= soziale Kontakte, Teamarbeit, Kollegialität, Geschäftsbeziehungen pflegen, Bindung zum Unternehmen

T3 Lerntrieb	T4 Verteidigungstrieb
= Wissenssteigerung, Fortbildung, Beförderung, Kompetenzsteigerung, Erforschen, Begreifen und verstehen	= Job verteidigen, Konkurrenz, Machtstreben, Aufstieg, erkämpftes bewahren

Abbildung 6: Die vier Grundtriebe des Menschen im Arbeitsleben

(Quelle: Eigene Darstellung)

3.2 Bezug und Beispiele der Grundtriebe zum Arbeitsleben

Wie im vorangegangenen Abschnitt allgemein skizziert, strebt der Erwerbstrieb nach dem Prinzip der Beschaffung und Anreicherung, was sich gut auf die Situation des Arbeitslebens projektzieren lässt. Durch das Vergütungssystem (z.B. Lohnzahlung) eines Unternehmens ist es einem Mitarbeiter möglich sich Güter zu beschaffen, Luxus und Wohlbefinden zu steigern und dadurch auch seinen Status, ob privat oder beruflich, zu pushen. Dies kann durch eine Beförderung, eine Spitzenposition im Unternehmen oder durch ein größeres Büro erfolgen. Durch den ständigen Vergleich mit anderen, ist dieser Trieb immer nur temporär befriedigt. Ein Mangel dieses Triebs kennzeichnet sich durch Neid auf andere. Bei extremer Ausprägung des Triebs herrschen permanente Maßlosigkeit, starkes Konkurrenzdenken und ausgeprägte Machtmotive vor (vgl. Groysberg, Lee & Nohria, 2008, S.4).

Der Bindungstrieb möchte Verbindungen mit anderen knüpfen, Beziehungen aufbauen, Teamarbeit leisten und Fürsorge gegenüber Familie und Kollegen geben. Er kann vom einzelnen Menschen auf ganze Gruppen und andere Organisationen übertragen werden mit denen sich ein Mensch identifizieren und verbinden kann, weil er ihr Zeit und Mühe widmet. Groysberg, Lee und Nohria (2008, S.3) sprechen diesem Trieb eine hohe Bedeutung zu. Ein Mitarbeiter, der sich stark mit seinem Unternehmen verbunden und sich als einen Teil dessen fühlt, wird eine höhere Motivation entwickeln und aufrechterhalten können. Gute Beziehungen zu Vorgesetzen und Kollegen haben auch großen Einfluss auf die Arbeitseinstellung. Bleibt die soziale Bindung im Berufsalltag aus, kann dies Isolierung, Mobbing bis hin zu Rassismus bedeuten. In solch einem Fall geht die Arbeitsmoral des Mitarbeiters verloren, da das Grundbedürfnis nicht befriedigt wird (vgl. Groysberg, Lee & Nohria, 2008, S.4).

Der Lerntrieb möchte die Neugier und den Wissensdurst befriedigen. Ein Unternehmen sollte ausreichend Investitionen in Fort- und Weiterbildungsmaßnahmen investieren. Damit der Mitarbeiter das Gefühl hat einen sinnvollen Beitrag zu leisten und motiviert bleibt, sollte ihm eine bedeutungsvolle Stelle im Betrieb geboten werden. Auch Aufstiegsmöglichkeiten im Unternehmen wären ein förderlicher Anreiz. Monotone Stellen hingegen sollten vermieden werden und laufen Gefahr langfristig Frustration auszulösen. Mitarbeiter werden ihre Stellung sonst demoralisieren und nach neuen Herausforderungen auf dem Arbeitsmarkt suchen (vgl. Groysberg, Lee & Nohria, 2008, S.4).

Der Verteidigungstrieb möchte Bewährtes schützen und kämpft für Gerechtigkeit. Ein Mitarbeiter, der seine Anstellung im Unternehmen fürchtet, weil beispielsweise eine Fusionierung mit einem anderen Konzern bevorsteht und Stellen abgebaut werden sollen, wird versuchen seinen Job zu verteidigen, in dem er Konkurrenz ausschaltet und alles erdenkliche unternehmen wird seine Anstellung nicht zu verlieren. Eine starke Ausprägung dieses Triebs kann zu unkontrolliertem Machtdurst führen, sinnlose Aggression gegenüber anderen bedeuten oder bei einem Defizit in Verbitterung und Angst übergehen (Groysberg, Lee & Nohria, 2008, S.5).

3.3 Anwendung des Modells im beruflichen Alltag

Wenn einer Führungskraft ein Mitarbeiter auffällt, der ein Motivationsdefizit aufweist, kann durch das Motivationsmodell von Lawrence und Nohria, unter Beachtung der Grundtriebe, versuchen herauszufinden, welcher der Triebe einen

Mangel oder ggf. ein Übermaß aufweist. Dadurch, dass die Triebe in unserem Gehirn verankert sind, und das Maß ihrer Befriedigung die Gefühle, und auch zum Teil das Verhalten eines Individuums direkt beeinflussen können, stellen die Triebkräfte eine Stärkung der Mitarbeitermotivation dar (vgl. Groysberg, Lee & Nohria, 2008, S.4). Die Autoren Groysberg, Lee und Nohria (2008, S.3) postulieren vier Hebel, die ein Unternehmen zur Stärkung der Mitarbeitermotivation heranziehen kann. Dies seien das Vergütungssystem, die Unternehmenskultur, die Gestaltung der Arbeitsinhalte und die Ressourcenzuteilung und Leistungssteuerung.

Nachfolgend gibt die Tabelle 2 eine Übersicht über den jeweiligen Grundtrieb, den Hebel und die möglichen Maßnahmen:

Grundtrieb	Hebel	Maßnahme
T1 Erwerbtrieb	Vergütungssystem	Überdurchschnittliches Gehalt, Leistungsbezogene Prämien, Gehaltssteigerungen
T2 Bindungstrieb	Unternehmenskultur	Förderung von Teamarbeit, Zusammenarbeit, Anerkennung von Teamgeist, Vertrauen unter Mitarbeitern fördern, zum Austausch ermutigen
T3 Lerntrieb	Gestaltung der Arbeitsinhalte	bedeutungsvolle Stellen im Unternehmen, Investitionen in Weiterbildungsmaßnahmen, Kompetenzen erweitern
T4 Verteidigungstrieb	Ressourcenzuteilung und Leistungssteuerung	Transparenz der Unternehmensprozesse erhöhen, Wert auf Fairness legen, Betriebskindergarten, Entlassungen vermeiden, Mitarbeiter in Mittelpunkt des Unternehmens stellen

Tabelle 2: Motivationshebel eines Unternehmens

(Quelle: Eigene Darstellung in Anlehnung an vgl. Groysberg, Lee & Nohria, 2008, S.6, Tabelle)

Um folglich das Motivationsdefizit eines demotivierten Mitarbeiters zu steigern, sollte eine Führungskraft versuchen zu analysieren, welche Triebfeder Defizite aufweist. Eine Begutachtung der Stelle im Betrieb des Mitarbeiters kann genaueren Aufschluss liefern. Hat der Mitarbeiter in den letzten Monaten oder

Jahren eine Gehaltssteigerung erhalten? Hat er die Möglichkeit geboten bekommen, um durch Prämien einen höheren Anreiz in seiner Tätigkeit zu sehen? Steht er in direktem Kontakt und Austausch mit seinen Kollegen oder Vorgesetzten? Arbeitet er in Teamarbeit? Nimmt der Mitarbeiter regelmäßig an Weiterbildungen teil? Bietet das Unternehmen ausreichend Transparenz und Fairness in allen Prozessen?

Je nachdem was die Analyse der verschiedenen Bereiche im Unternehmen ergibt, könnten, folgende Maßnahmen zur Verbesserung oder Beseitigung herangezogen werden: Das Vergütungssystem, das dem Erwerbstrieb zugeordnet wird, könnte durch eine angemessene Gehaltssteigerung des Mitarbeiters angepasst werden. Es könnte über leistungsbezogene Prämien nachgedacht, und Aufstiegsmöglichkeiten in Aussicht gestellt, werden. Dies wäre eine gute Grundlage den Aneignungstrieb zu befriedigen, da eine klare Verknüpfung zwischen Leistung und Belohnung geschaffen würde.

Die Unternehmenskultur könnte die Führungskraft durch mehr Teamarbeit organisieren und die Aufgaben versuchen durch erhöhte Mitarbeiterkooperation auszurichten. Die Attribute, wie Offenheit und Vertrauen, sollten hohe Priorität haben, so dass der Mitarbeiter eine gute Zusammenarbeit mit seinen Kollegen und Vorgesetzten, wahrnehmen kann. Durch diese Basis würde die Identifikation und Verbundenheit im Unternehmen gefördert werden. Die Führungskraft sollte demnach mehr Arbeitsmoral bei dem Mitarbeiter verzeichnen können.

Die Gestaltung der Arbeitsinhalte befriedigt eine Führungskraft mit dem Lerntrieb am effektivsten, wenn die Stelle des Mitarbeiters bedeutungsvolle, anspruchsvolle und interessante Inhalte, hat. Die Investition in Trainings- und Weiterbildungsmaßnahmen sollte unbedingt erfolgen, damit der Mitarbeiter wieder mehr Kompetenzen erwirbt und sich dadurch auch in seiner Unternehmensposition steigern kann. Die Führungskraft wird dadurch erreichen, dass sich der Mitarbeiter mehr gebraucht und verbunden mit dem Unternehmen fühlt.

Letztlich sollte auch der Verteidigungstrieb von der Führungskraft Beachtung finden und durch eine faire Ressourcenzuteilung und Leistungssteuerung transparent gehalten werden. Zudem wären Maßnahmen zur Lebensqualitätssteigerung für den Mitarbeiter sinnvoll, als Beispiel sei hier ein betriebseigener Kindergarten zu nennen, damit die Mitarbeiter private oder berufliche Wünsche besser vereinen können. Das Schüren von Angst hinsichtlich Unternehmensengpässen und Folgen, wie beispielsweise drohende Entlassungen, sollten möglichst vermieden werden, damit der Mitarbeiter nicht resigniert und demotiviert wird. Eher sollte die Führungskraft versuchen den Mitarbeiter in den Mittelpunkt des Unternehmens zu stellen (vgl. Groysberg, Lee & Nohria, 2008, S.7-8).

Das Geheimnis, der optimalen Motivationssteigerung, wie es die Autoren Groysberg, Lee und Nohria (2008, S.7, Grafik) postulieren, liegt in der Förderung aller vier Grundtriebe, die gleichermaßen Aufmerksamkeit erhalten sollten. Die Konzentration nur auf einen der Triebfedern ist nicht zu empfehlen und wird keinen gewünschten Effekt zur Motivationssteigerung beitragen. So geben Groysberg, Lee und Nohria (2008) an, das „wenn Mitarbeiter auch nur von der geringsten Verbesserung bei der Befriedigung eines der vier Bedürfnisse berichten [würden], verbessert sich zugleich ihre Motivation als Ganzes." (S.8).

Studien, von Groysberg, Lee und Nohria (2008, S.8) zufolge, messen die Mitarbeiter der Befriedigung ihrer Grundbedürfnisse ihren Vorgesetzen ebenso viel Bedeutung bei, wie dem gesamten Unternehmen. Insofern verfügen Führungskräfte über ein gewisses Maß an Einfluss auf Unternehmensprozesse und können anhand von Strategien umgesetzt werden.

Ein Unternehmen und besonders dessen Führungskräfte, sollten den Aspekt der angeborenen Grundtriebbefriedigung nicht unterschätzen und immer auf eine gesunde Ausgewogenheit achten. Bei Missachtung oder falscher Förderung könnte dies negative Folgen, wie Verlust individueller Arbeitsfähigkeit, mangelnde Leistungsbereitschaft der Mitarbeiter oder gar Senkung der Unternehmensleistung bedeuten. Die finanziellen Folgen dieser negativen Entwicklung sind meist gravierender, wie präventive Weitsicht. „Mit anderen Worte, der ganzheitliche Ansatz ist mehr wert als die Summe einzelner Teile, auch wenn schon die Verbesserung jedes einzelnen Teils für sich etwas nützt." (Groysberg, Lee & Nohria, 2008, S.8).

Literaturverzeichnis

Brandstätter, Veronika (2013): Motivation und Emotion. Allgemeine Psychologie für Bachelor; mit 9 Tabellen; [Lesen, Hören, Lernen im Web]. Berlin: Springer (Springer-Lehrbuch).

Ermann, Michael (2015): Freud und die Psychoanalyse. Entdeckungen, Entwicklungen, Perspektiven. s.l.: W. Kohlhammer Verlag.

Fröhlich, Werner D. (2014): Wörterbuch Psychologie. Original-Ausg., 29., unveränd. Nachaufl. München: Dt. Taschenbuch-Verl. (dtv, 34625).

Groysberg B., Lee L.-E. & Nohria, N. (2008): Mitarbeiter richtig motivieren. In Harvard Buisness manager, Jg. 30, (2008), S.2-9 Zugriff am 27.10.2017, www.havardbusinessmanager.de/heft/d-59024741.html.

Hoyer, J., Wittchen H.-U. (2011) Klinische Psychologie & Psychotherapie. 2., überarb. und erw. Aufl. Heidelberg: Springer-Medizin (Springer-Lehrbuch).

Kornadt, H.-J., Eckensberger, L.H., Emminghaus, W.B. (Hg.) (1980): Cross-cultural research on motivation and its contribution to a general theory of motivation. In: H.C. Triandis (Hrsg.): Handbook of cross- cultural psychology, Boston, MA. S.223-321.

Lawrence, Paul R.; Nohria, Nitin; Klostermann, Maren (2003): Driven. Was Menschen und Organisationen antreibt. Stuttgart: Klett-Cotta (/Management - Die blaue Reihe]).

Myers, David G.; Hoppe-Graff, Siegfried; Keller, Barbara (2014):
Psychologie. 3., vollst. überarb. und erw. Aufl. Berlin: Springer
(Springer-Lehrbuch). Online verfügbar unter
http://dx.doi.org/10.1007/978-3-642-40782-6.

Nerdinger, F. W. (2012): Emotionsarbeit im Dienstleistungsbereich.
reportpsychologie (Hrsg.), <37>1/2012, S. 8-18, Zugriff am 17.10.2017,
www. wirtschaftspsychologie-aktuell.de/friedmann-nerdinger-
emotionsarbeit-report-psychologie.pdf.

Rastetter, Daniela (2008): Zum Lächeln verpflichtet. Emotionsarbeit im
Dienstleistungsbereich. Frankfurt/Main: Campus-Verl. Online verfügbar
unter http://sub-hh.ciando.com/book/?bok_id=19966.

Stemmler, Gerhard; Schmidt-Atzert, Lothar; Peper, Martin (2014):
Emotionspsychologie. Ein Lehrbuch. 2., vollständig überarbeitete und
erweiterte Auflage. s.l.: W. Kohlhammer Verlag. Online verfügbar unter
http://www.content-
select.com/index.php?id=bib_view&ean=9783170239111.

Weiner, Bernard; Reisenzein, Rainer; Pranter, Wilfried (1994):
Motivationspsychologie. 3. Aufl., Weinheim: Beltz Psychologie-Verl.-
Union. Online verfügbar unter
http://www.socialnet.de/rezensionen/isbn.php?isbn=978-3-621-27704-4.

Zapf D., Isic A., Fischbach A., & Dormann Ch. (2003): Emotionsarbeit in
Dienstleistungsberufen. Das Konzept und seine Implikationen für die
Personal- und Organisationsentwicklung. In K. Ch. Hamborg & H.
Holling (Hrsg.), Innovative Personal- und Organisationsentwicklung (S.
266-288), Hogrefe Verlag.

Abbildungsverzeichnis

Tabellenverzeichnis

Anlagenverzeichnis